Feminismo y sus críticas a las esposas tradicionales

Ingrid M. Taylor

Editorial Anuket

Contenido:

Capítulo 1
Raíces Históricas
de la Esposa Tradicional

¿Qué es una "esposa tradicional"?

El término "esposa tradicional" ha cobrado relevancia en los últimos años, especialmente en el ámbito de las redes sociales, generando debates y polarizando opiniones. Pero, ¿qué significa realmente ser una "esposa tradicional" en el contexto actual?

Un viaje al pasado:

Para entender este concepto, es necesario remontarnos a roles de género establecidos históricamente. En sociedades más tradicionales, la mujer solía desempeñar un papel predominantemente doméstico, encargándose de las tareas del hogar, la crianza de los hijos y la atención al marido. Este modelo, aunque ha evolucionado a lo largo del tiempo, ha dejado una huella profunda en nuestra cultura y sigue siendo evocado por quienes se autodenominan "esposas tradicionales".

¿Qué implica ser una "esposa tradicional" hoy en día?

Si bien no existe una definición única y universal, las "esposas tradicionales" suelen compartir ciertas características y valores:

<u>Énfasis en el hogar:</u> Las tareas domésticas y el cuidado de la familia son considerados prioridades fundamentales.

<u>Sumisión al marido:</u> Se acepta una jerarquía en la relación de pareja, donde el hombre toma las decisiones importantes.

<u>Valores conservadores:</u> Se adhieren a valores tradicionales relacionados con la familia, la religión y los roles de género.

<u>Rechazo del feminismo:</u> Muchas "esposas tradicionales" se distancian del movimiento feminista, argumentando que sus objetivos van en contra de la naturaleza femenina.

Un concepto en evolución:

Es importante destacar que el concepto de "esposa tradicional" no es estático, sino que se adapta a los cambios sociales y culturales. Lo que se entendía como "tradicional" hace un siglo es muy diferente de lo que se considera hoy. Además, las experiencias individuales de quienes se identifican como "esposas tradicionales" son diversas y no pueden generalizarse.

Críticas y debates:

El concepto de "esposa tradicional" ha sido objeto de numerosas críticas. Se argumenta que:

Refuerza estereotipos de género: Al perpetuar roles de género tradicionales, limita las oportunidades de las mujeres y las restringe a un ámbito doméstico.

Promueve relaciones desiguales: La sumisión al marido y la falta de autonomía pueden generar relaciones desequilibradas y perjudicar el bienestar de las mujeres.

Ignora la evolución de los roles de género: Negar los avances logrados por el feminismo y otros movimientos sociales implica un retroceso en términos de igualdad.

Las Primeras Sociedades y el Surgimiento del Patriarcado

En las primeras sociedades humanas, las divisiones de trabajo basadas en el género surgieron de las necesidades de supervivencia. Las mujeres, encargadas principalmente del cuidado de los hijos y la recolección de alimentos, desempeñaban un papel vital pero subordinado dentro del grupo. Con la sedentarización y el surgimiento de la agricultura, se fortalecieron las estructuras patriarcales, donde los hombres controlaban los recursos y el poder político.

La Antigüedad: Grecia y Roma

En las civilizaciones de Grecia y Roma, la figura de la esposa se consolidó dentro de un marco legal y social específico. En Atenas, las mujeres estaban confinadas a la esfera doméstica, bajo la tutela de los hombres de su familia. El matrimonio se veía como una institución para la procreación y la gestión del hogar. En Roma, aunque las mujeres disfrutaban de más libertades comparadas con las griegas, su papel principal seguía siendo el de mantener la casa y criar a los hijos.

La Edad Media y el Feudalismo

Durante la Edad Media, el sistema feudal reforzó los roles tradicionales de género. Las mujeres nobles tenían responsabilidades administrativas en sus dominios, pero la mayoría de las mujeres, especialmente las campesinas, llevaban una vida centrada en el hogar y la familia. La Iglesia Católica también jugó un papel crucial en la consolidación del rol de la esposa como sumisa y dedicada a su esposo, promoviendo el ideal de la mujer virtuosa y obediente.

Renacimiento y Reforma: Cambios y Continuidades

El Renacimiento trajo cambios culturales y sociales que afectaron las expectativas sobre las mujeres. La educación de las mujeres de clase alta comenzó a valorarse más, aunque seguía orientada hacia la preparación para el matrimonio y la gestión del hogar. La Reforma Protestante también influyó en el papel de la esposa, promoviendo el matrimonio como un estado honorable y la figura de la esposa como compañera del hombre.

Siglo XIX: La Esposa Victoriana

El siglo XIX, particularmente en la era victoriana, solidificó el ideal de la esposa como ángel del hogar. Las mujeres de la clase media y alta eran vistas como guardianas de la moral y la estabilidad familiar, encargadas de crear un refugio seguro y virtuoso para sus esposos e hijos. Este período también marcó el inicio de los movimientos feministas que comenzaron a cuestionar y desafiar estas normas tradicionales.

Siglo XX: Cambios Sociales y el Desafío al Rol Tradicional

El siglo XX fue testigo de cambios significativos en el rol de la esposa tradicional, impulsados por eventos como las dos Guerras Mundiales y la Revolución Industrial. Las mujeres entraron en la fuerza laboral en masa, y los movimientos feministas de las décadas de 1960 y 1970 cuestionaron abiertamente los roles de género tradicionales. A pesar de estos cambios, muchas mujeres siguieron eligiendo roles tradicionales, y el debate sobre el papel de la esposa continuó evolucionando.

La figura de la esposa tradicional ha cambiado significativamente a lo largo de la historia, reflejando los movimientos en las estructuras sociales, económicas y políticas. Comprender estas raíces históricas es esencial para contextualizar las críticas modernas cruzadas entre las feministas y las esposas tradicionales. Este trasfondo histórico proporciona una base sólida para explorar las dinámicas actuales entre la tradición y el cambio en los roles de género.

El debate sobre las "esposas tradicionales" nos invita a reflexionar sobre la construcción de los roles de género, la evolución de la familia y la búsqueda de un equilibrio entre las aspiraciones individuales y las responsabilidades colectivas. Es fundamental respetar las diferentes formas de vida, pero también cuestionar aquellas prácticas que limitan la libertad y la igualdad de oportunidades.

El papel de la esposa tradicional ha sido una constante a lo largo de la historia humana, adaptándose a diferentes contextos culturales y sociales. Este capítulo ofrece un recorrido por la evolución de este rol, destacando cómo se ha visto influenciado por las estructuras patriarcales y las normativas culturales de cada época.

Capítulo 2
El movimiento Tradwife

El término "esposa tradicional" representa a un subconjunto de mujeres que adoptan roles de género tradicionales, centrándose en las tareas domésticas a tiempo completo, la crianza de los hijos y el apoyo a sus maridos, a menudo a expensas del empleo remunerado fuera del hogar.

Este estilo de vida idealiza una visión nostálgica de los Estados Unidos de los años 50, caracterizada por familias nucleares, roles de género bien definidos y un fuerte sentido de comunidad y tradición.

El movimiento de las esposas tradicionales o "Tradwife" ha ganado una tracción significativa en plataformas de redes sociales como TikTok, donde las personas influyentes comparten contenido que romantiza este estilo de vida, sirviendo como modelos a seguir para las generaciones más jóvenes a pesar de las normas progresistas prevalecientes y los diversos roles de género de la sociedad contemporánea.

Sin embargo, el movimiento de las esposas tradicionales no está exento de controversia. Los críticos argumentan que este estilo de vida puede ser rígido y restrictivo, lo que potencialmente limita el crecimiento personal y la intimidad dentro de las relaciones.

Además, es acusado de alinearse con ideologías de extrema derecha, promoviendo sutilmente valores conservadores y de supremacía blanca bajo la apariencia de tradicionalismo.

Si bien los defensores afirman que adoptar este estilo de vida es una elección personal y libre, los detractores se preocupan por las implicaciones más amplias y el potencial de propagar normas sociales regresivas.

El movimiento de las tradwife está influenciado por una compleja interacción de factores personales, culturales y religiosos. Para algunas mujeres, adoptar este estilo de vida proporciona un escape de las presiones de la vida moderna, ofreciendo estabilidad y simplicidad.

Las creencias religiosas también juegan un papel importante, ya que algunas tradwives ven su estilo de vida como un medio para alinearse con las enseñanzas bíblicas y los principios piadosos.

Las redes sociales han popularizado aún más el movimiento, con personas influyentes que utilizan plataformas como TikTok, Instagram y YouTube para compartir su vida diaria, donde las influencers comparten contenido que idealiza este estilo de vida. Por ejemplo, en un video de TikTok con más de 1,6 millones de vistas, la influencer tradwife Estee Williams explica que ser una tradwife significa adoptar el cuidado del hogar como propósito principal y someterse a servir a sus maridos y familias. Las influencers utilizan estas plataformas para compartir su vida diaria, reforzando la heteronormatividad tradicional y los roles de género de una manera visualmente atractiva.

Estas representaciones sirven como modelos para las generaciones más jóvenes, en particular la Generación Z, que se está introduciendo a este estilo de vida a pesar de haber crecido en una era de mayor progresismo y diversos roles de género. Reforzar los roles de género tradicionales de una manera visualmente atractiva, enardece a las feministas por considerar que ese tipo de mujeres son esclavas del patriarcado.

A su vez, el movimiento también ha recibido fuertes críticas por su postura contra las ideologías feministas dominantes. Las esposas tradicionales suelen posicionarse en contra del feminismo moderno, al que perciben como defectuoso y excluyente.

Los críticos dentro de la comunidad de esposas tradicionales sostienen que el feminismo se ha desviado de su objetivo original de lograr la igualdad de derechos y, en cambio, promueve ideologías que consideran opresivas y dañinas para la feminidad, la condición de mujer y la maternidad convencionales.

Este sentimiento antifeminista es un elemento central de la identidad de las tradwife, que refleja debates sociales más amplios sobre los roles de género y la nostalgia por un pasado que tal vez nunca haya existido realmente.

Sin embargo, el movimiento de mujeres tradicionales no está exento de controversia. Los críticos argumentan que el estilo de vida de las tradwife puede ser rígido y restrictivo, lo que limita el crecimiento personal y la intimidad dentro de las relaciones.

Aunque los defensores afirman que adoptar ese estilo de vida es una elección libre y personal, los críticos se preocupan por las implicaciones subyacentes y el potencial de propagación de normas sociales regresivas.

Características de la vida tradicional

Una esposa tradicional moderna se define por varias características clave. En primer lugar, hay un fuerte énfasis en los roles y deberes tradicionales, como cocinar, limpiar y cuidar de la familia. Esto no se ve como algo restrictivo, sino como un papel gratificante y valioso.

Una esposa tradicional da mucha importancia a los valores familiares, a menudo opta por tener más hijos y prioriza su educación por encima de las ambiciones profesionales.

La autosuficiencia también es importante, y muchas esposas tradicionales aprenden habilidades como la jardinería, la costura o la conservación de alimentos.

La personalidad y las preferencias personales también juegan un papel en la decisión de adoptar un estilo de vida de esposa tradicional. Según Power, Sensing, Judging y Feeling (Poder, Sentir, Juzgar y Sentir), las preferencias pueden alinearse con un estilo de vida de esposa tradicional debido a su tendencia hacia la practicidad, la estructura, la familia y la tradición. Se citan tipos de personalidad específicos como ISFJ,

ESFJ, ISTJ y ESTJ como alineaciones lógicas, aunque la realidad es mucho más compleja.

En las relaciones modernas tradicionales, se hace hincapié en el respeto mutuo y la colaboración, reconociendo que, si bien los roles pueden ser tradicionales, ambos miembros de la pareja son iguales. Para los que practican este estilo de vida, la división de roles no hace que ninguno de los miembros de la pareja sea subordinado al otro.

Este equilibrio se extiende a varios aspectos de la vida, y las esposas tradicionales desafían la narrativa de que el éxito solo se puede definir a través de los logros profesionales, proponiendo que la realización personal también puede surgir de la vida familiar y las tareas del hogar.

El respeto por los votos matrimoniales es un aspecto crucial, con un fuerte compromiso de superar los desafíos en lugar de recurrir al divorcio.

Por otra parte, las relaciones sociales fuera de la unidad familiar también pueden verse afectadas. La elección de convertirse en una esposa tradicional puede causar cambios en las amistades y podría inducir a juicios o malentendidos por parte de quienes ven el papel desde una perspectiva diferente.

La esposa tradicional moderna a menudo encuentra formas de integrar las libertades contemporáneas con los valores clásicos, amalgamando creencias de la vieja escuela con perspectivas contemporáneas.

Influencias e inspiraciones

El movimiento de las esposas tradicionales está influenciado por una compleja interacción de factores personales, culturales y religiosos. Para algunas mujeres, adoptar un estilo de vida de ama de casa tradicional sirve como un escape de las presiones de la vida moderna, ofreciendo una sensación de estabilidad y simplicidad durante tiempos turbulentos.

Estas motivaciones pueden variar ampliamente, desde una afinidad natural por los roles domésticos hasta un deseo de una vida más estructurada y basada en la fe. Un subgrupo de las esposas tradicionales sigue las enseñanzas bíblicas y considera la sumisión como una virtud y una forma de alinearse con los principios divinos.

Las normas culturales y los antecedentes familiares desempeñan un papel importante en la decisión de las personas de adoptar los roles de género tradicionales. El terapeuta matrimonial y familiar autorizado Rodman Walsh (Redondo Beach, CA) enfatiza que no existe una explicación "única" de por qué las personas eligen este estilo de vida. Factores como el medio ambiente, la comunidad y los valores sociales influyen significativamente en el sistema de creencias y la percepción del mundo de una persona.

Algunas defensoras del movimiento de las esposas tradicionales se inspiran en textos históricos y religiosos. La Biblia, por ejemplo, es una piedra angular para muchas, y ofrece versículos que abogan por los roles de género tradicionales. Proverbios 31:26

se cita a menudo por su énfasis en la bondad y la sabiduría en el contexto de la feminidad.

El libro "El hogar adventista" de Ellen White subraya aún más la importancia del respeto mutuo y la cooperación entre marido y mujer, sugiriendo que los roles tradicionales pueden fomentar la armonía en lugar de la subyugación.

Además, el atractivo estético y nostálgico del ideal doméstico de la década de 1950 contribuye al atractivo del movimiento. Las mujeres tradicionales influyentes a menudo presentan una visión idílica del trabajo doméstico, que recuerda una época en la que las mujeres eran vistas principalmente como amas de casa. Esta representación nostálgica puede ser reconfortante para los espectadores, especialmente en el mundo acelerado de hoy.

Sin embargo, los críticos argumentan que esta visión romantizada oscurece las realidades de la sumisión de las mujeres y el potencial de desequilibrios de poder en tales relaciones.

Las motivaciones basadas en la fe y el deseo de estabilidad no son los únicos impulsores. Algunas mujeres pueden recurrir a roles tradicionales como un medio para lidiar con traumas personales o familiares. Para ellas, renunciar al control puede resultar empoderante, ya que ofrece una sensación de seguridad y orden en una vida que de otro modo sería caótica. Este fenómeno es particularmente evidente en tiempos de cambio social, donde lo familiar y lo firme se vuelven particularmente atractivos.

Capítulo 3
Voces de las Esposas Tradicionales

Las voces de las esposas tradicionales ofrecen una perspectiva única y a menudo subrepresentada en el debate sobre género y feminismo. Este capítulo explora las experiencias, valores y motivaciones de mujeres que eligen seguir un camino de vida tradicional, en el contexto de un mundo que está cambiando rápidamente hacia la igualdad de género y los roles fluidos.

Definiendo la Esposa Tradicional

Antes de sumergirse en los testimonios personales, debemos recordar la importancia de entender qué engloba una "esposa tradicional". Este término generalmente se refiere a mujeres que asumen roles de género convencionales, centrados en el hogar y la familia, y que a menudo ven el cuidado de su esposo e hijos como su principal responsabilidad.

Testimonios de Generaciones Pasadas

Explorar las voces de las esposas tradicionales a lo largo de diferentes generaciones proporciona una visión histórica y cultural más rica.

<u>Mujeres de la Época Victoriana</u>: Las esposas de esta era a menudo veían su rol como el de ángeles del hogar, dedicadas a mantener la moral y la estabilidad

familiar. Esta manera de vivir se expresa en cartas y diarios de la época que reflejaban sus pensamientos y sentimientos.

<u>Mujeres del Siglo XX</u>: Durante las décadas de 1950 y 1960, muchas mujeres en países occidentales abrazaron el ideal de la esposa y madre ama de casa. A través de entrevistas y memorias de esa época, se plasman sus experiencias y cómo percibieron los cambios sociales de la época.

Voces Contemporáneas

Se encuentran principalmente en las redes sociales, donde mujeres transformadas en influencers dan testimonios actuales de aquellas que eligen ser esposas tradicionales, a pesar de las oportunidades profesionales y educativas disponibles.

<u>Motivaciones Personales</u>: Muchas mujeres actuales eligen este rol por razones religiosas, culturales o personales. Sus testimonios se encuentran no solamente en los medios masivos de comunicación, sino también en las relaciones diarias (compras, escuela, entretenimiento), donde manifiestan su satisfacción y propósito en el cuidado de su familia y hogar.

<u>La Influencia de la Fe</u>: Para algunas, la religión juega un papel crucial en su decisión de seguir un camino tradicional. Generalmente en la práctica de su culto se expresan sobre su visión del rol asumido, como una vocación espiritual.

<u>La Búsqueda del Equilibrio:</u> Algunas esposas tradicionales de hoy en día buscan un equilibrio entre sus responsabilidades familiares y sus intereses personales o profesionales. Son creyentes que pueden tener lo mejor de los dos mundos, pero también se escuchan sus quejas de no poder hacer alcanzar el mayor potencial en ninguno de los dos. Ejemplo, son las mujeres que manejan negocios desde casa o participan en actividades comunitarias.

Valores y Creencias

Las esposas tradicionales a menudo comparten ciertos valores y creencias que informan sus elecciones de vida.

<u>El Valor de la Familia:</u> La familia es central en la vida de estas mujeres. Entre ellas discuten sus creencias sobre la importancia de una unidad familiar fuerte y estable.

<u>La Importancia del Rol de Género:</u> Muchas creen en la complementariedad de los roles de género tradicionales y ven su papel como esencial para el funcionamiento armonioso del hogar.

<u>El Orgullo en el Trabajo Doméstico:</u> Contrario a la percepción común, muchas esposas tradicionales sienten un profundo orgullo y satisfacción en las tareas domésticas y en la crianza de los hijos.

Percepciones del Feminismo

Las esposas tradicionales a menudo tienen opiniones críticas sobre el feminismo, basadas en sus propias experiencias y valores.

<u>Críticas a la Desvalorización del Rol Doméstico</u>: Muchas sienten que el feminismo a menudo desvaloriza el trabajo doméstico y la maternidad, promoviendo una visión limitada del empoderamiento femenino.

<u>El Impacto en la Familia</u>: Algunas creen que el feminismo ha contribuido a la desintegración de la familia tradicional y ha fomentado una cultura de individualismo que va en contra de los valores familiares.

<u>La Percepción de la Libertad:</u> Mientras que el feminismo lucha por la liberación de la mujer, muchas esposas tradicionales sienten que su elección de vida es una forma legítima de libertad y autonomía.

Historias de Adaptación y Resistencia

Ante las críticas las esposas tradicionales han respondido a los cambios sociales y culturales que promueven la igualdad de género.

<u>Adaptación a Nuevas Realidades</u>: Algunas mujeres encuentran formas de adaptarse a las expectativas modernas mientras mantienen sus valores

tradicionales. Para ellas, su postura no es rígida, como les critican, sino moldeable a las circunstancias.

<u>Resistencia y Defensa de su Elección:</u> Este apartado de mujeres defienden fervientemente su elección de vida y luchan contra la presión social para conformarse a roles más progresistas.

Las voces de las esposas tradicionales ofrecen una perspectiva rica y matizada que es esencial para entender el debate sobre género y feminismo. A través de sus testimonios y experiencias se resalta la diversidad de caminos que las mujeres pueden elegir y la importancia de respetar y valorar todas las formas de vida. Estas historias también proporcionan un contexto vital para las críticas al feminismo que se explorarán en los siguientes capítulos.

Figuras notables

Estee Williams

Estee Williams es una de las figuras más destacadas del movimiento de las esposas tradicionales, que ha ganado una atención significativa en plataformas como TikTok. Conocida por su estilo de vida de ama de casa inspirado en los años 50, comparte regularmente clips de ella misma preparándose para el regreso de su marido del trabajo realizando actividades como peinarse, aplicarse lápiz labial rojo y ponerse vestidos floreados, todo ello con música nostálgica.

Sus videos en TikTok, que capturan un día en su vida como esposa tradicional, obtienen cientos de miles de vistas y decenas de miles me gusta.

La representación de Estee del estilo de vida de las esposas tradicionales encarna el énfasis del movimiento en los roles de género tradicionales y las tareas domésticas.

Hannah Neeleman

Otra influenciadora importante dentro de la comunidad de esposas tradicionales es Hannah Neeleman, que opera bajo el nombre de usuario @ballerinafarm en Instagram. Con más de 9 millones de seguidores, muestra su vida como madre de ocho hijos en una granja en Utah. A pesar de su asociación con el movimiento de las esposas tradicionales por parte del público, Neeleman no se identifica con el término.

Ha aparecido en The Sunday Times del Reino Unido, ofreciendo una visión detallada de su vida diaria, que incluye elaboradas comidas caseras y un vestuario inspirado en los años 50.

Su dinámica con su marido, Daniel, se adhiere a los roles tradicionales, que ella describe como "un hombre y una mujer" trabajando juntos.

Sin embargo, los críticos señalan que su descripción del estilo de vida omite la importante riqueza heredada de su marido, pintando una imagen algo sesgada de la existencia de las esposas tradicionales.

Alena Kate Pettitt

Alena Kate Pettitt es otra figura influyente en el movimiento de las esposas tradicionales, que aboga por los valores familiares tradicionales a través de sus escritos y su presencia en línea. Pettitt es la autora de los libros y artículos de etiqueta de "The Darling Academy", donde critica a los medios modernos por destruir los valores familiares tradicionales y promueve el estilo de vida de las esposas tradicionales.

Destaca la importancia de los roles de género tradicionales y, a menudo, brinda consejos sobre cómo las mujeres pueden adoptar estos roles en sus matrimonios.

Laura

Laura, una autoproclamada esposa tradicional, ha participado en varias entrevistas para defender su elección de estilo de vida. En una entrevista con ABC News Australia, compartió sus razones personales para adoptar el estilo de vida de las esposas tradicionales, destacando su deseo de quedarse en casa con sus hijos en lugar de dejarlos al cuidado de otra persona.

La historia de Laura es emblemática de muchas mujeres en el movimiento de las esposas tradicionales que sienten una profunda conexión con el papel de ama de casa y madre a tiempo completo.

RoRo Bueno

Influencer española con más de 3 millones de seguidores en TiKTok. De subir videos de su viadia diaria y consejos de gimnasia, pasó a ser muldialmente conocida cuando, con su voz afinada, comentó que para ese día le preparía una comida especial a su novio Pablo, que éste le había pedido. Ante la furia desatada por las feministas, que la tildaron de subordinarse a los pedidos de su pareja, los videos de RoRo, comenzaron a virarizarse. La influences ya cuenta con más de un millón de seguidores en Instagram y alrededor de 50 millones de visitas en algunos de sus videos más populares. Sin embargo, en los últimos tiempos comenzó a recibir una serie de críticas debido al estilo de vida que pregona.

Ella es impulsora del movimiento "tradwife" promoviendo los roles de género tradicionales. La joven de 22 años muestra su día a día en el que se dedica a realizar preparaciones elaboradas en su coqueta y ordenada cocina.

Capítulo 4
Críticas al Movimiento Tradwife

Percepción pública y controversia

El movimiento de las tradwifes ha obtenido una mezcla de apoyo y crítica, con percepciones a menudo divididas según líneas ideológicas. Los defensores sostienen que el movimiento es una reacción al desplazamiento social que sienten los jóvenes hoy en día, mientras luchan por encontrar su lugar y valor en un mundo que cambia rápidamente.

Sus integrantes niegan vehementemente cualquier asociación con ideologías de extrema derecha, y afirman no apoyar nada parecido a la supremacía blanca.

Sin embargo, los críticos sostienen que el movimiento a menudo glorifica una mítica cultura americana de posguerra de los años 50, caracterizada por familias nucleares predominantemente blancas, que sirve como lenguaje codificado para el pánico demográfico y un llamado a restaurar una identidad estadounidense conservadora y homogénea.

Esta representación ha llevado a algunos a comparar a las Tradwives con los partidarios de leyes como el proyecto de ley "Don't Say Gay" (No digas gay) de Florida, que buscan devolver la sociedad a lo que algunos perciben como una época más simple con menos libertades individuales.

La Ley "Don't Say Gay" es en realidad un conjunto de más de 150 proyectos de ley anti-LGBT presentados a nivel estatal, que incluyen restringir el acceso a la atención médica de afirmación de género para menores, hasta excluir a los niños transgénero del atletismo. Otras de las normas a aprobar sería un proyecto de ley de Georgia similar al proyecto de ley de Florida que restringe la discusión de temas LGBT, y otro proyecto de ley de Idaho que podría castigar al personal médico que brinde atención médica de afirmación de género, y a los padres que aceptan que sus hijos reciban dicha atención con hasta cadena perpetua.

El profesor de psicología Noam Shpancer, del Centro de Terapia Cognitiva y Conductual en Columbus, Ohio, sugiere que esta tendencia tradicional podría ser una reacción a la liberalización general de los sistemas de creencias estadounidenses, ya que cada nueva generación se vuelve más abierta en cuanto a la raza, la sexualidad y el género.

Sin embargo, existe preocupación por la representación simplista y a menudo estereotipada que hace el movimiento de la cultura tradicional, que algunos creen que está más influenciada por las representaciones de los medios que por la realidad histórica.

Los críticos, como el Dr. Paul Conti, de la Universidad de Stanford especialista en trauma, advierten que esos mensajes curados en torno a la dependencia y los roles femeninos no están arraigados en la realidad y podrían socavar la capacidad de acción y la resiliencia individuales.

Además, el movimiento tradwife ha enfrentado reacciones negativas por su posible alineación con ideologías extremistas. Los hombres de extrema derecha de la Generación Z, en particular, han adoptado el concepto de heterosexualidad agresiva y machismo, utilizando el ataque a las mujeres como una forma de afirmar su dominio. Esto ha creado un entorno excluyente en los grupos de jóvenes de extrema derecha, lo que complica aún más la percepción pública del movimiento de las esposas tradicionales

En última instancia, el fenómeno de las esposas tradicionales subraya un debate social más amplio sobre los roles de género, la identidad y la nostalgia por un pasado idealizado. Mientras las redes sociales continúan amplificando los ejemplos extremos, el desafío sigue siendo promover modelos más igualitarios de matrimonio y vida familiar que resuenen con las complejidades de la sociedad moderna.

Capítulo 5
Entendiendo al Patriarcado

La historia del patriarcado traza el desarrollo de un sistema social en el que los hombres ostentan predominantemente el poder y las mujeres están en gran medida excluidas de él, desde la antigüedad hasta la actualidad.

El patriarcado, que se originó en las primeras sociedades humanas, se acentuó con la llegada de la agricultura, la propiedad y la urbanización. Este cambio afianzó el dominio masculino, tal como se codificó en los primeros códigos legales y textos religiosos, creando estructuras sociales duraderas que han influido en varias civilizaciones y períodos históricos.

En las civilizaciones antiguas, como las del Cercano Oriente, el valle del Indo, China y Mesoamérica, las normas patriarcales se consolidaron mediante avances sociales y tecnológicos. La evidencia antropológica sugiere que las estructuras igualitarias anteriores dieron paso a los sistemas patriarcales a medida que las sociedades se volvieron más complejas. La antigüedad clásica, particularmente en Grecia y Roma, vio el afianzamiento de las ideologías patriarcales, que fueron reforzadas aún más por filósofos como Aristóteles y los sistemas legales que codificaban los roles de género.

Durante los períodos medieval y moderno temprano, el patriarcado se entrelazó con las estructuras económicas, políticas, culturales y religiosas. Los roles de las mujeres se limitaban en gran medida a la esfera doméstica, con una autonomía económica y social limitada. A pesar de estas restricciones, los casos en que las mujeres ejercían un poder significativo dentro de sus hogares y comunidades revelan la complejidad de los sistemas patriarcales.

El auge del capitalismo y la urbanización en esta era reforzaron aún más las normas patriarcales, aunque algunas mujeres encontraron nuevas oportunidades de independencia a través del trabajo asalariado.

Los siglos XIX y XX marcaron desafíos significativos para las estructuras patriarcales, impulsados por la industrialización y los movimientos feministas. Las mujeres ingresaron cada vez más a la fuerza laboral, lucharon por derechos legales y desafiaron las normas tradicionales de género. El movimiento por el sufragio femenino, que culminó a principios del siglo XX, y la segunda ola del feminismo en los años 1960 y 1970, buscaron una igualdad de género más amplia y reformas legislativas. A pesar de los avances, las críticas constantes destacan la persistente brecha salarial de género, la subrepresentación en los roles de liderazgo y la doble carga de responsabilidades profesionales y domésticas, lo que subraya la necesidad de continuar los esfuerzos por lograr la equidad de género.

Orígenes del patriarcado

El patriarcado se refiere a un sistema social en el que los hombres ostentan predominantemente el poder, y ha sido una categoría crucial para el análisis social en la teoría y la teología feministas. El término "patriarcado" en sí mismo significa el gobierno del padre como principio fundamental de la organización social dentro de la familia y la sociedad en general.

Los sistemas patriarcales parecen haber surgido por primera vez entre grupos de pastores nómadas entre el décimo y el quinto milenio a. C. en varias regiones, incluido el antiguo Cercano Oriente, el valle del Indo, China y las culturas mesoamericanas.

A medida que estas sociedades pasaron de estilos de vida nómadas a comunidades agrícolas sedentarias, las estructuras patriarcales se hicieron más pronunciadas. Este cambio estuvo marcado por el paso a una agricultura a mayor escala, la propiedad de la tierra y la urbanización. Hacia el tercer milenio a. C., habían surgido códigos legales escritos que consolidaron aún más las normas patriarcales.

La mercantilización de las capacidades sexuales y reproductivas de las mujeres, que coincidió con el desarrollo de la propiedad privada, desempeñó un papel importante en el establecimiento de estructuras sociales patriarcales. Este desarrollo histórico preparó el terreno para el dominio y el control masculino sobre las mujeres.

La Biblia, particularmente en historias como la de Adán y Eva, se cita a menudo como un ejemplo temprano de ideología patriarcal, donde la creación de Adán antes de Eva lo posiciona como la figura dominante.]

Evidencias de civilizaciones antiguas

La evidencia antropológica, arqueológica y psicológica evolutiva sugiere que la mayoría de las sociedades prehistóricas eran relativamente igualitarias. Las estructuras sociales patriarcales no se desarrollaron hasta después del final del Pleistoceno, después de avances sociales y tecnológicos como la agricultura y la domesticación.

Por ejemplo, las tablillas administrativas de la ciudad sumeria de Uruk, en la antigua Mesopotamia, que datan de hace unos 5.000 años, proporcionan los primeros signos claros de que las mujeres recibían un trato categóricamente diferente al de los hombres.

Estas tablillas indican un esfuerzo deliberado por enumerar poblaciones y recursos, lo que refleja el comienzo de los roles de género institucionalizados. En la dinastía Ming de China, las normas patriarcales estaban profundamente arraigadas en los ideales confucianos, según los cuales se esperaba que las mujeres viudas permanecieran solteras y castas de por vida. Las mujeres que se adhirieron a estos ideales eran celebradas y, a veces, se erigían estructuras en su honor.

Por el contrario, en el antiguo Egipto, las mujeres de clase media disfrutaban de un mayor grado de autonomía, ya que participaban en el comercio, las transacciones inmobiliarias e incluso en los procesos legales. El contraste entre los roles de las mujeres egipcias y atenienses pone de relieve la variabilidad de los sistemas patriarcales en las distintas culturas.

El paso del matriarcado al patriarcado

La idea de que el matriarcado precedió al patriarcado en las sociedades humanas fue postulada por evolucionistas sociales del siglo XIX como Friedrich Engels y JJ Bachofen. Esta idea fue luego retomada por académicos feministas en la década de 1970. Por ejemplo, la arqueóloga Marija Gimbutas sugirió que las sociedades neolíticas pacíficas, igualitarias y ginocéntricas de Europa fueron derrocadas por invasores patriarcales durante la Edad del Bronce.

Esta teoría, aunque cuestionada, pone de relieve la compleja y variada historia de la organización social y los roles de género en las sociedades humanas primitivas. En el yacimiento arqueológico de Çatalhöyük, que data de hace unos 9.000 años en la actual Turquía, la evidencia apunta a una sociedad relativamente igualitaria en la que el género tenía poca importancia en la vida cotidiana.

El patriarcado en la Antigüedad Clásica

El patriarcado como sistema social se encuentra en las sociedades clásicas de todo el mundo. Algunos antropólogos, como Elman Service, creen que la familia patriarcal era el orden aborigen de la sociedad humana y, por lo tanto, es "natural" e inevitable. Sin embargo, las antropólogas feministas han cuestionado esta suposición, argumentando que los sistemas patriarcales surgieron en un momento particular de la historia humana con la transición de la recolección de alimentos y la horticultura a la agricultura de arado, la propiedad privada de la tierra, la urbanización y la estratificación de clases.

En el antiguo Cercano Oriente, este cambio se produjo en algún momento entre el séptimo y el cuarto milenio a. C., y dio forma a los patrones ideológicos y sociales patriarcales de las sociedades clásicas y las culturas religiosas de los hebreos, los griegos y los romanos.

En la antigua Grecia, las normas patriarcales eran evidentes en las estructuras sociales y las prácticas culturales. Aunque muchos teóricos de los siglos XVI y XVII coincidían con las opiniones de Aristóteles sobre el lugar de la mujer en la sociedad, la teoría política patriarcal no se consolidó hasta después de la publicación de "Patriarcha" de Sir Robert Filmer, algún tiempo antes de 1653, que defendía el derecho divino de los reyes basado en el linaje masculino desde Adán.

La influencia griega se extendió con las conquistas de Alejandro Magno, consolidando aún más estas normas patriarcales.

El filósofo griego Platón, en su obra "La República", ofreció un contrapunto al imaginar una sociedad en la que las mujeres tendrían igualdad educativa y política completa y servirían en el ejército. Sin embargo, esta visión no fue ampliamente adoptada en la práctica.

Por el contrario, Aristóteles, discípulo de Platón, mantuvo puntos de vista más tradicionales sobre los roles de género, lo que contribuyó al sentimiento patriarcal predominante en la Grecia clásica. Esto se ejemplificó con el modelo familiar ateniense, que llegó a ser ampliamente aceptado en todas las sociedades griegas. A pesar de las restricciones sociales, las mujeres griegas encontraron formas de sortear estas limitaciones, pero la estructura social siguió siendo predominantemente patriarcal.

La influencia del patriarcado se extendió también a la sociedad romana. El derecho romano codificó las estructuras patriarcales, que se reflejaron en las prácticas familiares y jurídicas. Los roles de las mujeres se circunscribían a la esfera doméstica, aunque podían poseer propiedades y participar en transacciones comerciales bajo ciertas condiciones.

Las referencias a sociedades matrilineales en la Europa preclásica, como las encontradas en ruinas que datan del 7000 a. C. en las costas del Egeo y el Adriático, sugieren que las estructuras sociales anteriores pueden haber sido menos patriarcales. Estas sociedades, caracterizadas por aldeas pacíficas y estables con una importante iconografía femenina, contrastan marcadamente con los sistemas patriarcales posteriores que surgieron con una mayor estratificación social y violencia institucionalizada.

Período medieval

Durante el período medieval, la estructura del patriarcado en la sociedad europea siguió evolucionando, entrelazándose con cuestiones económicas, políticas, culturales y religiosas. Las instituciones económicas que surgieron en la Edad Media, como los gremios de artesanos, eran notablemente patriarcales. Las mujeres generalmente estaban excluidas de los programas de aprendizaje formal que conducían a la maestría independiente dentro de un gremio. Sin embargo, las mujeres a veces podían trabajar en una tienda si eran la esposa o la hija de un maestro, e incluso podían dirigir una tienda como viuda de un maestro. Este acuerdo significaba que la capacidad de una mujer para trabajar dependía de su relación con un hombre, en lugar de sus propias habilidades y formación. Incluso dentro de los gremios, existía una jerarquía patriarcal en la que los maestros tenían autoridad sobre sus aprendices y oficiales, que a menudo eran hombres adultos.

El patriarcado en el período medieval se extendió más allá de las instituciones económicas hacia diversas relaciones sociales. Las relaciones de gobierno desde el siglo XV hasta el XVIII eran claramente patriarcales, abarcando maridos y esposas, padres e hijos, amos y sirvientes, pastores y feligreses, gobernantes y súbditos, y a veces empleadores y trabajadores. La naturaleza multifacética del patriarcado moderno temprano lo hizo aparecer como una parte inevitable y natural de la vida, percibido como algo dado por Dios y natural. En consecuencia, aquellos percibidos como opuestos o subvertidos por el patriarcado a menudo eran descritos y a veces tratados con mucha dureza.

En el contexto religioso, los padres de la Iglesia, como San Agustín, promovieron el concepto de la jefatura masculina, lo que llevó a la creencia de que las mujeres carecían de la imagen de Dios en sí mismas y solo podían ser incluidas en la imagen de Dios bajo sus maridos como su "cabeza". Se consideraba que las mujeres eran naturalmente subyugadas e inferiores, más propensas al pecado, carentes de razón y autocontrol, y definidas por su cuerpo y sexualidad. Como tal, se consideraba que las mujeres eran incapaces de representar a Cristo en el ministerio ordenado. Estas opiniones se derivaban de los patrones patriarcales incorporados a la teología cristiana y la política de la iglesia.

A pesar de estas normas patriarcales predominantes, hubo casos en que las mujeres tenían un poder considerable dentro del hogar, incluso en tradiciones estructuradas oficialmente para promover la autoridad masculina. Por ejemplo, en el catolicismo italoamericano del siglo XIX, había un patriarcado público pero un matriarcado privado. De manera similar, los protestantes conservadores promovieron oficialmente la autoridad masculina, pero las mujeres fundaron y lideraron movimientos populares, particularmente en el pentecostalismo temprano y los ministerios de sanación. Esta distinción entre roles públicos (oficiales) y privados (domésticos) demuestra la complejidad de las estructuras patriarcales dentro de los contextos religiosos.

Periodo moderno temprano

Durante el Período Moderno Temprano, desde el siglo XV hasta el siglo XVIII, el patriarcado se institucionalizó explícitamente en Europa Occidental. Esta era fue testigo del establecimiento de una estructura social centrada en el padre, donde las relaciones como esposos y esposas, padres e hijos, amos y sirvientes, gobernantes y súbditos eran claramente patriarcales.

La naturaleza multifacética del patriarcado moderno temprano lo hizo aparecer como una parte inevitable de la vida, a menudo considerado como algo dado por Dios y natural. En consecuencia, quienes eran percibidos como opuestos o subvertidos por esta estructura eran tratados con dureza.

Las normas culturales y religiosas de la época acentuaron significativamente las distinciones de género. A medida que las comunidades agrícolas evolucionaron y desarrollaron sistemas de irrigación y edificios, comenzaron a verse a sí mismas como separadas del mundo natural y superiores a él, fomentando así una dicotomía naturaleza-cultura. Las mujeres, que eran principalmente las que daban a luz a los hijos y no eran dueñas de los campos irrigados, fueron consideradas cada vez más cercanas a la naturaleza y, por lo tanto, inferiores. A medida que su trabajo se fue limitando más al ámbito doméstico, los hombres, cuyo trabajo se realizaba fuera del hogar y en cooperación con otros hombres, fueron asociados con el ámbito público, que creció en complejidad e importancia a medida que las comunidades y los estados se expandieron.

La interrelación del capitalismo y el patriarcado no afectó a toda Europa de manera uniforme, ni a todos los grupos sociales de la misma manera. La expansión del trabajo asalariado, a pesar de su baja remuneración y estatus, en realidad benefició a algunas mujeres al permitirles abandonar sus hogares paternos y potencialmente mantenerse por sí mismas sin casarse. Sin embargo, las autoridades políticas consideraron inaceptable esta posibilidad de mayor independencia y comenzaron a aprobar leyes que obligaban a las mujeres a trabajar en hogares encabezados por hombres. Por ejemplo, en el sur de Alemania, a las mujeres solteras se les prohibía mudarse a las ciudades a menos que se dedicaran al servicio doméstico en un hogar encabezado por un hombre. Se utilizó un término peyorativo, Eigenbrötlerinnen (mujeres que ganan su propio pan), para las mujeres que vivían de forma independiente.

Los cambios económicos y políticos de este período se vieron reforzados por conceptos culturales y religiosos que enfatizaban las distinciones de género. Estos avances contribuyeron al establecimiento y mantenimiento de una sociedad patriarcal en la que los roles de las mujeres eran predominantemente domésticos, mientras que los hombres dominaban la esfera pública. Esta dicotomía continuó dando forma a las normas y expectativas sociales hasta bien entrados los siglos siguientes.

Acontecimientos del siglo XIX

El siglo XIX marcó transformaciones significativas en las estructuras sociales y los roles de género, en particular con el inicio de la industrialización y el auge de los movimientos feministas. Durante este período, la industrialización redefinió los roles de las mujeres tanto en el hogar como en el lugar de trabajo. Antes de la industrialización, el hogar era el centro de producción en los Estados Unidos preindustriales, donde los hombres y las mujeres contribuían por igual a la supervivencia familiar a través del trabajo agrícola y la producción doméstica.

Sin embargo, la industrialización abrió nuevas oportunidades para las mujeres como asalariadas en fábricas e industrias, en particular en fábricas textiles y de prendas de vestir, lo que condujo a una mayor independencia económica.

En la misma época, el movimiento feminista comenzó a tomar forma, abogando por la igualdad de género y los derechos de las mujeres. Las activistas feministas exigieron reformas legales para garantizar los derechos de propiedad de las mujeres, los derechos de divorcio y las oportunidades de empleo. Un hito notable fue la Convención de Seneca Falls en 1848, donde se adoptó la Declaración de Sentimientos, que exigía la igualdad de derechos para las mujeres en varios aspectos de la vida.

A pesar de estos esfuerzos, el progreso fue lento y las mujeres siguieron enfrentándose a importantes barreras y prejuicios a lo largo del siglo.

El siglo XIX también fue testigo del auge del movimiento por el sufragio femenino, encabezado por activistas como Susan B. Anthony y Elizabeth Cady Stanton. Lucharon por el derecho de las mujeres a votar y por una mayor igualdad política, lo que finalmente culminó con la aprobación de la Decimonovena Enmienda a la Constitución de los

Estados Unidos en 1920, que concedió a las mujeres el derecho a votar.

La literatura y la escritura sirvieron como poderosas herramientas de resistencia contra el patriarcado, y autoras como Jane Austen, Charlotte Brontë y Mary Wollstonecraft utilizaron sus obras para desafiar las normas sociales y defender los derechos y la independencia de las mujeres.

A lo largo del siglo, el pensamiento feminista evolucionó, desafiando las normas de género tradicionales y promoviendo la idea de que los roles de género eran construcciones sociales y, por lo tanto, mutables. Feministas como Kate Millett argumentaron que los roles de género reforzaban la subordinación de las mujeres y debían desmantelarse mediante reformas sociales y políticas destinadas a crear sociedades más igualitarias.

Esta perspectiva sentó las bases para futuros movimientos feministas que buscaban desaprender estos roles socialmente construidos y disminuir la influencia de la socialización basada en el género.

Siglo XX

El siglo XX marcó cambios y desafíos significativos para las estructuras patriarcales tradicionales. El movimiento por el sufragio femenino cobró impulso y culminó con la concesión del derecho a voto a las mujeres en muchos países. Este fue un paso fundamental para redefinir los roles de género y mejorar la participación de las mujeres en la vida pública. Sin embargo, el camino hacia la igualdad de género estaba lejos de terminar.

Participación de las mujeres en la fuerza laboral

Durante las primeras décadas del siglo XX, el papel de la mujer siguió estando definido en gran medida por las responsabilidades domésticas. Sin embargo, la Revolución Industrial ya había sentado las bases para que las mujeres participaran más activamente en la fuerza laboral. A principios del siglo XX, un número significativo de mujeres trabajaban en diversos sectores, aunque a menudo eran relegadas a trabajos peor remunerados y menos prestigiosos. El inicio de las guerras mundiales vio a las mujeres entrar en la fuerza laboral en cantidades sin precedentes, asumiendo funciones que tradicionalmente habían sido ocupadas por hombres debido a la escasez de mano de obra causada por las guerras.

Estos cambios comenzaron a modificar las percepciones sociales de las capacidades y los roles de las mujeres.

La posguerra y la segunda ola del feminismo

Después de la Segunda Guerra Mundial, se esperaba que muchas mujeres volvieran a sus funciones domésticas. Sin embargo, las semillas del cambio ya se habían sembrado. En los años 1960 y 1970 surgió la segunda ola del feminismo, que se centró en una gama más amplia de cuestiones más allá del sufragio, como la igualdad en el lugar de trabajo, los derechos reproductivos y el desmantelamiento de los roles de género tradicionales.

Las feministas sostenían que los roles de género eran una construcción social y podían modificarse para crear una sociedad más equitativa. En esta época se produjeron importantes cambios legislativos, como la introducción de leyes de igualdad salarial y de lucha contra la discriminación en varios países.

Cambios en las normas de género

En la segunda mitad del siglo XX se produjeron nuevos cambios en las normas de género. Las oportunidades educativas para las mujeres se ampliaron y cada vez más mujeres optaban por cursar estudios superiores y carreras profesionales.

A pesar de estos avances, las mujeres siguieron enfrentándose a importantes desafíos, como la brecha salarial de género y la escasa representación en puestos de liderazgo. El movimiento feminista de este período también llamó la atención sobre cuestiones como el acoso sexual y la violencia contra las mujeres, lo que puso aún más en tela de juicio las estructuras patriarcales.

Críticas y desafíos constantes

A pesar de los avances logrados, las críticas a las estructuras patriarcales persisten. Las feministas destacan la doble carga que afrontan muchas mujeres, de las que se espera que sobresalgan en su vida profesional y al mismo tiempo se ocupen de las responsabilidades domésticas.

Esta "doble carga" subraya la necesidad de una distribución más equitativa del trabajo doméstico y la importancia de políticas de apoyo como la licencia parental y el cuidado infantil asequible.

Capítulo 6
El Feminismo y sus Olas

El feminismo, como movimiento social y político, ha pasado por varias etapas conocidas como "olas". Cada una de estas olas ha abordado distintas cuestiones relacionadas con la igualdad de género, adaptándose a los contextos históricos y culturales de su tiempo. Este capítulo traza la evolución del feminismo, destacando sus principales logros y figuras clave, para ofrecer un marco de referencia a las críticas que se abordan en el libro.

La Primera Ola: Siglo XIX y Principios del Siglo XX

La primera ola del feminismo se centró principalmente en los derechos legales y políticos de las mujeres, con un fuerte énfasis en el sufragio femenino.

Contexto Histórico: Surgió en el siglo XIX, en un período de importantes cambios sociales y políticos, incluyendo la Revolución Industrial y los movimientos por los derechos civiles.

Principales Demandas: El derecho al voto, la educación de las mujeres, y la igualdad ante la ley.

Figuras Clave: Mary Wollstonecraft, Sojourner Truth, Susan B. Anthony, Elizabeth Cady Stanton.

Logros Significativos: Aprobación de la 19ª Enmienda en Estados Unidos (1920), que otorgó el derecho al voto a las mujeres, y similares avances en otros países occidentales.

La Segunda Ola: Décadas de 1960 y 1970

La segunda ola del feminismo amplió su enfoque para incluir una amplia gama de cuestiones sociales, culturales y económicas.

Contexto Histórico: Nació en el contexto de los movimientos por los derechos civiles, la contracultura de los años 60, y el movimiento por la paz.

Principales Demandas: Igualdad laboral y salarial, derechos reproductivos, y la eliminación de la discriminación de género en todas las esferas de la vida.

Figuras Clave: Betty Friedan, Gloria Steinem, Simone de Beauvoir.

Logros Significativos: La Ley de Igualdad Salarial (1963), la creación de la Comisión de Derechos Civiles de las Mujeres, la legalización del aborto en varios países, y la implementación de políticas de acción afirmativa.

La Tercera Ola: Décadas de 1990 y 2000

La tercera ola del feminismo se caracterizó por su diversidad y su enfoque en la interseccionalidad.

<u>Contexto Histórico:</u> Surgió en un mundo globalizado con una creciente conciencia de las diferencias de raza, clase, sexualidad y otras identidades.

<u>Principales Demandas:</u> Mayor inclusión y representación de mujeres de diferentes orígenes, enfoques más amplios sobre la sexualidad, y la lucha contra la violencia de género.

<u>Figuras Clave:</u> Rebecca Walker, Kimberlé Crenshaw, bell hooks.

<u>Logros Significativos:</u> Desarrollo de teorías de interseccionalidad, aumento de la representación de mujeres en medios de comunicación y política, y mayores protecciones legales contra la violencia doméstica y el acoso sexual.

La Cuarta Ola: 2010 en Adelante

La cuarta ola del feminismo se ha caracterizado por el uso de las tecnologías digitales y un renovado enfoque en la justicia social y los derechos humanos.

Se desarrolla en el contexto de la era digital, con el uso extensivo de las redes sociales y una creciente conciencia global sobre las desigualdades persistentes.

Sus demandas abarcan con acabar con el acoso sexual y la violencia de género, equidad en el lugar de trabajo, y el reconocimiento de derechos para todas las identidades de género.

Entre sus figuras claves se encuentran, Malala Yousafzai, Tarana Burke (fundadora del movimiento #MeToo), Emma Watson.

Entre sus logros más significativos se observan el origen de Movimientos globales como #MeToo y Time's Up, legislación progresista sobre la igualdad de género, y un mayor reconocimiento y apoyo a las personas LGBTQ+.

Esta cuarta ola del feminismo ha irrumpido en el panorama social y político global, redefiniendo los parámetros del debate sobre la igualdad de género. Este movimiento, caracterizado por su diversidad y su enfoque interseccional, busca abordar las desigualdades estructurales que persisten, no solo en términos de género, sino también de raza, clase, orientación sexual e identidad de género.

La relación entre la cuarta ola feminista y el movimiento woke es compleja y a menudo objeto de debate. Ambos movimientos comparten una serie de objetivos comunes, como la lucha contra la discriminación, la promoción de la justicia social y la deconstrucción de sistemas de opresión. Sin embargo, también existen diferencias significativas en sus enfoques y prioridades.

Similitudes entre ambos movimientos

Interseccionalidad: Tanto la cuarta ola feminista como el movimiento woke reconocen la importancia de abordar las múltiples formas de opresión que experimentan las personas. Esto implica entender cómo el género se entrelaza con otras identidades sociales, como la raza, la clase y la orientación sexual, para crear experiencias de opresión únicas.

<u>Desconstrucción de sistemas de poder:</u> Ambos movimientos buscan cuestionar y desmantelar los sistemas de poder patriarcales, racistas y capitalistas que perpetúan la desigualdad.

<u>Uso de las redes sociales:</u> Las redes sociales han sido fundamentales para ambos movimientos, permitiendo la organización, la movilización y la difusión de ideas a nivel global.

Diferencias entre ambos movimientos

<u>Énfasis:</u> Si bien la cuarta ola feminista se centra en las experiencias de las mujeres y las niñas, el movimiento woke tiene un enfoque más amplio que incluye una variedad de identidades y experiencias marginadas.

<u>Lenguaje y terminología:</u> El movimiento woke ha introducido nuevos términos y conceptos en el debate público, como "microagresiones", "privilegio" y "cancelación". Estos términos no siempre son utilizados de la misma manera dentro del feminismo de cuarta ola.

<u>Estrategias:</u> Los dos movimientos emplean diferentes estrategias para lograr sus objetivos. El feminismo de cuarta ola ha utilizado tanto tácticas tradicionales, como la organización de marchas y protestas, como estrategias más novedosas, como la creación de

espacios seguros en línea. El movimiento woke, por su parte, ha puesto un mayor énfasis en la educación y la sensibilización.

Desafíos y críticas

Tanto la cuarta ola feminista como el movimiento woke enfrentan una serie de desafíos y críticas. Algunos de los principales desafíos incluyen:

División interna: Ambos movimientos son internamente diversos y a menudo surgen debates sobre cuestiones de estrategia, identidad y lenguaje.

Acusaciones de esencialismo: Críticos argumentan que ambos movimientos a veces caen en el esencialismo, reduciendo las experiencias de las personas a un conjunto de características fijas.

Culturas de cancelación: El movimiento woke ha sido acusado de fomentar una cultura de cancelación, en la que las personas son rápidamente juzgadas y condenadas en línea por sus palabras o acciones percibidas como ofensivas.

Críticas de la Interseccionalidad: La falta de representación y consideración de mujeres de diferentes razas, clases y orientaciones sexuales en las primeras olas.

Debates sobre la Sexualidad: Diferencias en las perspectivas sobre la sexualidad y el trabajo sexual.

<u>Conflictos Generacionales:</u> Discrepancias entre las feministas de distintas generaciones sobre prioridades y métodos de lucha.

Se puede observar que la cuarta ola feminista y el movimiento woke son dos fuerzas poderosas que están transformando el panorama social y político. Si bien comparten muchos objetivos comunes, también existen diferencias significativas en sus enfoques y prioridades. Es importante reconocer tanto las similitudes como las diferencias entre estos movimientos para comprender mejor las complejidades del activismo social en la actualidad.

Capítulo 7
Principales Críticas al Feminismo

El feminismo ha sido una fuerza poderosa para el cambio social, luchando por la igualdad de género y los derechos de las mujeres. Sin embargo, no todas las mujeres ven el feminismo de manera positiva. Este capítulo explora las principales críticas al feminismo desde la perspectiva de las esposas tradicionales, analizando sus argumentos y las razones detrás de sus puntos de vista.

La Desvalorización del Rol Doméstico

Una crítica común es que el feminismo ha desvalorizado el trabajo doméstico y el rol de la esposa y madre.

Desde la segunda ola del feminismo, se ha promovido la idea de que el verdadero empoderamiento de la mujer se encuentra en la participación en la fuerza laboral y en la obtención de independencia económica.

Las esposas tradicionales argumentan que esta visión ha llevado a una disminución del respeto por el trabajo doméstico y la crianza de los hijos, roles que consideran esenciales para la estabilidad familiar y social.

La Importancia de la Maternidad

El feminismo ha promovido la elección y la autonomía en todos los aspectos de la vida de las mujeres, incluyendo la maternidad.

Muchas esposas tradicionales creen que el feminismo ha minimizado la importancia de la maternidad, presentándola a menudo como una opción menos valiosa o como un obstáculo para la realización personal.

Para estas mujeres, la maternidad es una parte central de su identidad y realización personal. Consideran que criar a los hijos es una tarea noble y crucial que debería ser respetada y apoyada.

También se encuentran críticas a las Políticas Feministas; sobre todo cómo algunas políticas feministas, aunque bien intencionadas, pueden percibirse como desincentivadoras para la maternidad, como la promoción del aborto y el control de la natalidad sin suficiente énfasis en el apoyo a las madres.

La División entre Géneros

Algunas esposas tradicionales argumentan que el feminismo ha fomentado la división y el conflicto entre géneros.

Advierten cómo ciertas ramas del feminismo radical pueden ser vistas como antagonistas hacia los hombres, promoviendo una narrativa de conflicto en lugar de colaboración. Las esposas tradicionales suelen valorar la idea de roles de género complementarios, donde hombres y mujeres tienen diferentes, pero igualmente importantes responsabilidades.

La Falta de Representación y Diversidad

Otra crítica es que el feminismo a veces no representa adecuadamente a todas las mujeres, especialmente a aquellas que eligen roles tradicionales.

Aunque la tercera ola del feminismo ha intentado abordar la interseccionalidad, algunas esposas tradicionales sienten que sus experiencias y elecciones no son suficientemente representadas o respetadas dentro del movimiento.

Se argumenta que el feminismo debería ser más inclusivo y reconocer que la lucha por la igualdad también debe incluir el respeto por las decisiones de vida tradicionales.

El Impacto en la Estructura Familiar

Las esposas tradicionales a menudo creen que el feminismo ha tenido un impacto negativo en la estructura familiar.

Cuando se analiza la correlación entre el aumento del feminismo y las tasas de divorcio, se argumenta que el énfasis en la independencia individual puede socavar el compromiso marital.

Las mujeres tradicionales advierten cómo las dinámicas familiares han cambiado con el feminismo, incluyendo el aumento de las familias monoparentales y el impacto negativo en los niños.

Respuestas a las Críticas

Por su parte, las feministas han respondido a las críticas en su contra, incluyendo la necesidad de un feminismo más inclusivo y comprensivo.

El feminismo contemporáneo responde a estas críticas promoviendo la idea de que las mujeres deben tener la libertad de elegir su propio camino, ya sea en el hogar o en la carrera profesional.

Proponen cómo el feminismo puede trabajar para apoyar tanto a las mujeres que eligen carreras profesionales como a las que optan por roles tradicionales.

El movimiento Tradwives, caracterizado por un regreso a los roles de género tradicionales y a la domesticidad, a menudo se posiciona en oposición a las ideologías feministas dominantes. Una crítica principal expresada por las Tradwives está dirigida al feminismo moderno, que perciben como defectuoso y tóxico. Algunas sostienen que los principios fundamentales del feminismo están contaminados y son históricamente excluyentes, y cita a figuras como

Elizabeth Cady Stanton, que promovía los derechos de las mujeres blancas, pero excluía a las mujeres de color.

Los sentimientos antifeministas dentro de la comunidad Tradwife también tienen su raíz en la creencia de que el feminismo se ha desviado de su objetivo original de lograr la igualdad de derechos. El verdadero feminismo debería abogar por la igualdad de derechos y responsabilidades tanto para hombres como para mujeres sin buscar privilegios especiales para las mujeres.

Además, las Tradwives a menudo critican las diversas olas del feminismo por promover ideologías que consideran opresivas. Rechazan la primera, la segunda y la tercera ola del feminismo, considerándolas como ataques a la feminidad tradicional, la condición de mujer y la maternidad. La cuarta ola del feminismo, que enfatiza el empoderamiento, la defensa en Internet y movimientos como #MeToo, es percibida por muchas Tradwives de tendencia derechista como una ideología que odia a los hombres.

Algunos estudiosos en el tema sugieren que la postura antifeminista de las Tradwives es una reacción a lo que ven como fallas del feminismo liberal. Si bien el feminismo liberal alentó a las mujeres de clase media a unirse a la fuerza laboral como un medio de emancipación, la naturaleza tóxica de muchos lugares de trabajo ha hecho que esta promesa parezca incumplida para algunas mujeres. En consecuencia, las Tradwifes a menudo culpan al feminismo de problemas estructurales como las crisis en el cuidado infantil y el exceso de trabajo en lugar de reconocerlos como problemas sociales más amplios.

Además, la crítica del movimiento Tradwife al feminismo se extiende a la noción de "feminismo de elección", que es criticado por justificar las opciones de vida individuales sin abordar las estructuras sociales más amplias. Estos críticos destacan que, a pesar del progreso logrado, las mujeres aún enfrentan tasas desproporcionadas de violencia sexual, ganan menos que los hombres y a menudo asumen más trabajo doméstico incluso cuando ganan más que sus esposos. Esta crítica subraya una desconexión percibida entre la retórica feminista y las realidades vividas de muchas mujeres

Movimientos y conceptos relacionados

La ira y la impotencia que sienten los jóvenes ante el colapso social están justificadas por las tendencias actuales, pero estas emociones también los hacen vulnerables a movimientos peligrosos que ofrecen explicaciones simplificadas para un mundo cada vez más complejo. Como explica la Dra. Eviane Leidig, de la Universidad de Tilburg en Países Bajos, investigadora sobre extrema derecha, género y radicalización en línea, en un artículo de Impakter de 2020, "From Incels to Tradwives", los hombres y mujeres jóvenes se sienten atraídos por las ideologías de extrema derecha porque estos movimientos simplifican una realidad enrevesada, refugiándose en salas de chat y recomendaciones algorítmicas.

Esta nostalgia por un pasado mítico, donde las normas de género y el estatus social estaban claramente definidos, desplaza la ansiedad que sienten los jóvenes sobre el colapso social hacia preocupaciones sobre las relaciones y el género.

Esta visión cambiante de la masculinidad ha provocado una intensa reacción entre los hombres de extrema derecha de la Generación Z. Los jóvenes nacionalistas blancos masculinos invierten fuertemente en el chovinismo masculino y la heterosexualidad agresiva para distanciarse de lo que perciben como la decadencia moral de su generación. Los ataques a las mujeres y la humillación por ser "putas" para afirmar el dominio son frecuentes en los círculos paleoconservadores cristianos de Zoom y nacionalistas blancos, donde las mujeres a menudo son excluidas, como lo demuestra el mantra no oficial del líder de America First, Nick Fuentes: "¡No a las e-girls, nunca!"

Como vemos, las críticas al feminismo desde la perspectiva de las esposas tradicionales son variadas y complejas, reflejando una rica diversidad de experiencias y valores. Se observa que, entre las dos posturas, existen voces que a menudo se sienten marginadas en el discurso sobre la igualdad de género. Al reconocer y respetar estas voces, se puede trabajar hacia un movimiento más inclusivo y comprensivo que abarque todas las formas de vida y elección femenina.

Capítulo 8
El Debate sobre
la Elección y la Autonomía

El concepto de autonomía y elección ha sido central tanto para el feminismo como para las esposas tradicionales. Sin embargo, la manera en que se entiende y valora esta autonomía puede variar significativamente entre ambos grupos. Este capítulo examina estas diferencias, ofreciendo una visión histórica del debate sobre la elección y la autonomía en el contexto de los roles de género.

Orígenes del Debate

El debate sobre la elección y la autonomía tiene raíces profundas en la historia del movimiento feminista y en la defensa de los roles tradicionales de género.

Primera Ola del Feminismo

Durante la primera ola, las feministas luchaban por el derecho a votar, la educación y la participación en la vida pública. La autonomía se entendía principalmente como el acceso a los mismos derechos y oportunidades que los hombres.

Contraparte Tradicional: Al mismo tiempo, muchas mujeres seguían viendo su papel en el hogar como una elección válida y valiosa, una forma de autonomía en su propia esfera de influencia.

La Segunda Ola y la Autonomía Individual

La segunda ola del feminismo trajo un enfoque más intenso en la autonomía individual y la liberación de las mujeres de los roles de género tradicionales.

Crítica al Rol Doméstico: Las feministas de la segunda ola argumentaron que el rol doméstico y la maternidad obligatoria eran formas de opresión. Se promovió la idea de que la verdadera libertad radicaba en la participación en la fuerza laboral y la independencia económica.

Respuestas Tradicionales: Muchas esposas tradicionales respondieron defendiendo su elección de centrarse en el hogar y la familia. Argumentaron que esta elección era una forma de autonomía que debía ser respetada y valorada.

La Tercera Ola y la Diversidad de Elecciones

La tercera ola del feminismo introdujo una mayor conciencia sobre la diversidad de experiencias y elecciones de vida.

Interseccionalidad y Elección: Las feministas de la tercera ola comenzaron a reconocer que las mujeres tienen diferentes contextos y prioridades. La elección de ser una ama de casa podía ser una forma válida de empoderamiento para algunas.

Voces Tradicionales: Durante este período, más voces de mujeres tradicionales comenzaron a ser escuchadas, destacando la importancia de reconocer y respetar todas las formas de autonomía femenina.

La Cuarta Ola y la Era Digital

La cuarta ola del feminismo ha utilizado las redes sociales y las plataformas digitales para ampliar el debate sobre la autonomía y la elección.

Movimientos en Línea: Movimientos como #MeToo han puesto un fuerte énfasis en la autonomía corporal y la libertad de las mujeres para tomar decisiones sobre sus propias vidas y cuerpos.

Debate en Redes Sociales: Las esposas tradicionales también han utilizado estas plataformas para compartir sus historias y defender su elección de roles tradicionales. Las redes sociales han proporcionado un espacio para el intercambio de ideas y el respeto mutuo.

Críticas y Desafíos

El debate sobre la elección y la autonomía ha generado críticas y desafíos en ambos lados.

Críticas al Feminismo: Las esposas tradicionales critican al feminismo por no valorar adecuadamente las elecciones de vida tradicionales. Argumentan que el feminismo a veces impone una visión única de empoderamiento que no incluye el valor del trabajo doméstico y la maternidad.

<u>Críticas a los Roles Tradicionales</u>: Por otro lado, las feministas argumentan que los roles tradicionales pueden limitar la autonomía de las mujeres, perpetuando desigualdades y dependencias económicas.

Debemos considerar lo siguiente; el feminismo, es un movimiento tan diverso como la sociedad misma, se encuentra en un constante proceso de evolución y debate. Uno de los temas más candentes en la actualidad es el de la "elección y la autonomía" de las mujeres, un debate que ha generado tensiones entre las corrientes más radicales y las más tradicionales.

Por un lado, las feministas radicales defienden la libertad absoluta de las mujeres para tomar decisiones sobre sus cuerpos y sus vidas, sin injerencias externas. Abogan por el derecho al aborto, la libertad sexual y la autonomía reproductiva como pilares fundamentales de la igualdad de género. Para ellas, cualquier restricción a estas libertades es una forma de opresión patriarcal.

Por otro lado, las mujeres más tradicionales, aunque también defensoras de los derechos de las mujeres, plantean ciertas reservas respecto a algunos de los postulados de las feministas radicales. Si bien reconocen la importancia de la autonomía femenina, consideran que existen límites que deben ser respetados, como la protección de la vida desde la concepción o la importancia de la familia como institución.

¿Dónde se encuentran los puntos de fricción entre estas dos posturas?

<u>El aborto</u>: La cuestión del aborto es, sin duda, la más polémica. Mientras que las feministas radicales lo consideran un derecho fundamental, las mujeres más tradicionales a menudo lo ven como una práctica que debe ser regulada o incluso prohibida.

<u>La sexualidad</u>: La libertad sexual es otro tema que genera debate. Las feministas radicales defienden la despenalización de todas las prácticas sexuales consensuadas entre adultos, mientras que las mujeres más tradicionales pueden mostrar cierta reticencia ante algunas prácticas consideradas "desviadas" o "inmorales".

<u>La maternidad</u>: La maternidad es un aspecto central de la vida de muchas mujeres. Mientras que las feministas radicales defienden el derecho de las mujeres a elegir si quieren ser madres o no, las mujeres más tradicionales a menudo ven la maternidad como una vocación natural y un elemento esencial de la realización personal.

¿Es posible encontrar un terreno común?

A pesar de las diferencias, es importante destacar que tanto las feministas radicales como las mujeres más tradicionales comparten un objetivo común: la igualdad de oportunidades para las mujeres. La clave para encontrar un terreno común reside en el diálogo y el respeto mutuo.

Es necesario reconocer que la experiencia de cada mujer es única y que no existe una única respuesta válida para todas las preguntas. El feminismo debe ser un movimiento inclusivo, capaz de acoger a mujeres con diferentes creencias y valores.

En este sentido, es fundamental promover un debate abierto y respetuoso, en el que se escuchen todas las voces y se busquen soluciones consensuadas. Solo a través del diálogo podremos construir un feminismo más fuerte y más representativo.

En conclusión, el debate sobre la "elección y la autonomía" es un reflejo de la complejidad del feminismo como movimiento. Si bien existen tensiones entre las diferentes corrientes, es fundamental recordar que todas ellas comparten el mismo objetivo: la liberación de las mujeres. A través del diálogo y el respeto mutuo, podemos encontrar un camino hacia un futuro más igualitario para todas.

El debate sobre la elección y la autonomía es complejo y multifacético, reflejando una rica diversidad de experiencias y valores. Tanto el feminismo como las esposas tradicionales buscan la autonomía para las mujeres, aunque entienden y valoran esta autonomía de maneras diferentes. Al explorar estas perspectivas, este capítulo ofrece una visión más completa del debate, promoviendo el respeto y la comprensión mutua.

Capítulo 9
Movimientos emergentes y cambios de paradigmas sociales

En las últimas décadas, el feminismo ha jugado un rol central en la transformación de las relaciones entre hombres y mujeres. Desde su surgimiento, el feminismo ha evolucionado en diferentes olas y corrientes, cada una con un enfoque particular, pero con el objetivo común de promover la igualdad de género y desafiar las estructuras patriarcales. Al mismo tiempo, han emergido movimientos que reaccionan a estas posturas, generando un cambio sustancial en la forma en que hombres y mujeres se relacionan en la actualidad.

Cambios impulsados por las posturas feministas

Reivindicación de derechos y autonomía: Los movimientos feministas han sido cruciales en la ampliación de derechos para las mujeres, como el derecho al voto, acceso a la educación y oportunidades laborales, así como el derecho a decidir sobre su propio cuerpo. Estos logros han permitido que las mujeres tengan una mayor autonomía y voz en sus relaciones, lo que ha transformado la dinámica de poder entre hombres y mujeres.

Redistribución de responsabilidades: La concepción tradicional de los roles de género, en la que la mujer estaba relegada al ámbito doméstico y el hombre al laboral, ha sido desafiada por el feminismo. Hoy en día, se espera que los hombres también participen activamente en el cuidado de los hijos y las tareas del hogar. Esta redistribución ha generado un nuevo equilibrio en muchas parejas, aunque aún existen tensiones en torno a las expectativas y prácticas tradicionales que persisten.

<u>Transformación en las dinámicas sexuales y afectivas:</u> Las posturas feministas, especialmente en la tercera y cuarta ola, han abogado por una mayor apertura y comprensión de la sexualidad femenina, además de una igualdad en la toma de decisiones afectivas y sexuales. El concepto de consentimiento y el respeto mutuo se ha vuelto primordial en las relaciones, poniendo el foco en la comunicación abierta y el respeto a las fronteras individuales.

Movimientos emergentes y sus reacciones

<u>El movimiento de los "Men's Rights":</u> A medida que las posturas feministas ganan terreno, algunos movimientos han surgido en respuesta, como el "Men's Rights Movement" (MRM), que argumenta que los derechos de los hombres han sido descuidados en favor de las mujeres. Este movimiento sostiene que, en ámbitos como la custodia de los hijos, el sistema judicial y la educación, los hombres enfrentan discriminación. Estas posturas generan tensiones al introducir una narrativa de competencia entre géneros, en lugar de una cooperación para la equidad.

<u>Emergencia de nuevas masculinidades:</u> Paralelamente a las reacciones críticas, ha surgido un movimiento

que promueve una revisión de las masculinidades tradicionales. Este enfoque busca liberar a los hombres de las expectativas rígidas asociadas a la masculinidad tóxica, como la represión emocional, el dominio y la agresividad, fomentando la empatía, la vulnerabilidad y una mayor equidad en sus relaciones con las mujeres.

Impacto de los movimientos LGBTQ+: La visibilidad de los movimientos LGBTQ+ también ha desafiado las relaciones heteronormativas. Estos movimientos han ampliado el espectro de lo que significa una relación y han dado lugar a la aceptación de diversas formas de pareja y dinámicas de poder. Este cambio ha influido en la percepción de las relaciones hombre-mujer, demostrando que la rigidez de los roles de género no es necesariamente intrínseca ni universal.

Consecuencias actuales

Aunque ha habido avances significativos, todavía existen resistencias al cambio. Algunos sectores de la sociedad se sienten incómodos con la redefinición de las relaciones y roles de género. Esto puede generar fricciones en las relaciones interpersonales, especialmente en parejas donde uno de los miembros se adhiere a normas más tradicionales mientras que el otro se identifica con posturas más progresistas.

Las relaciones de pareja contemporáneas enfrentan un replanteamiento de las expectativas mutuas. Las mujeres ya no buscan únicamente una pareja que provea económicamente, sino también una que comparta las responsabilidades y brinde apoyo emocional. Los hombres, por su parte, comienzan a redefinir lo que significa ser proveedor y protector, integrando nuevas sensibilidades y habilidades.

Aunque muchas parejas hoy en día gozan de relaciones más equitativas que en el pasado, aún persisten desigualdades. Las mujeres siguen enfrentando brechas salariales y una carga desproporcionada en las labores domésticas. Además, persisten formas de violencia de género, como el acoso y la violencia doméstica, que siguen siendo obstáculos significativos para lograr relaciones plenamente equitativas.

Las posturas feministas y los movimientos emergentes han transformado profundamente la relación entre hombres y mujeres, introduciendo un enfoque de equidad y respeto mutuo. Sin embargo, este proceso no está exento de tensiones y desafíos. Las nuevas dinámicas requieren un esfuerzo constante de adaptación y diálogo para que las relaciones continúen evolucionando hacia una mayor igualdad, libertad y comprensión mutua.

Algunos de los movimientos emergentes son:

1.   El Movimiento Woke y su Conexión con el Feminismo

En las últimas décadas, el término "woke" ha ganado relevancia como un símbolo de concientización sobre las injusticias sociales y la lucha por la igualdad. Aunque originariamente vinculado con la lucha por los derechos civiles y la justicia racial en Estados Unidos, el movimiento woke ha expandido su enfoque para abordar una amplia gama de temas relacionados con la justicia social, incluidos el género, la sexualidad y los derechos de las mujeres. En este contexto, el feminismo y el movimiento woke han encontrado puntos de convergencia, ya que ambos comparten el objetivo de desafiar y desmantelar estructuras de opresión.

¿Qué es el Movimiento Woke?

El término "woke" proviene del verbo en inglés to wake (despertar), y su uso comenzó como una metáfora que invita a las personas a mantenerse alertas ante las injusticias raciales. Con el tiempo, el concepto se amplió para incluir una mayor conciencia sobre las dinámicas de poder, privilegio y opresión en todas sus formas. Hoy en día, ser woke implica tener un compromiso activo con la lucha contra el racismo, el sexismo, la homofobia, la transfobia y otras formas de discriminación.

Feminismo y Woke: Luchas Paralelas

El feminismo, especialmente desde su tercera ola, ha buscado una mayor interseccionalidad, reconociendo que las mujeres no son un grupo homogéneo y que las opresiones basadas en el género están profundamente entrelazadas con otras formas de desigualdad, como el racismo, el clasismo y la homofobia. El enfoque interseccional del feminismo reconoce que la lucha por los derechos de las mujeres debe incluir a las mujeres de diferentes razas, clases, identidades sexuales y géneros.

Este enfoque está alineado con el movimiento woke, que promueve la conciencia interseccional. Ambos movimientos entienden que las opresiones no actúan de manera aislada y que las experiencias de las mujeres negras, latinas, LGBTQ+ y de otras minorías son diferentes de las de las mujeres blancas, por ejemplo. Por lo tanto, tanto el feminismo como el movimiento woke buscan construir una sociedad más justa y equitativa que sea inclusiva de todas las identidades.

Tensiones entre Woke y Feminismo

A pesar de las similitudes y de las luchas compartidas, también existen tensiones entre el feminismo y el movimiento woke. Algunas ramas del feminismo, como el feminismo radical, han sido críticas con ciertas posiciones adoptadas por el movimiento woke, particularmente en relación con el género y la identidad de género. El debate sobre los derechos de las mujeres cisgénero versus los derechos de las mujeres trans ha sido uno de los puntos de fricción más notables.

Algunos feministas radicales argumentan que el movimiento woke prioriza las luchas por la identidad de género por encima de la lucha por los derechos de las mujeres, lo que consideran una dilución del enfoque en las opresiones basadas en el sexo biológico. Por otro lado, muchos activistas woke acusan a estas ramas del feminismo de ser excluyentes y transfóbicas, al no reconocer plenamente los derechos de las personas trans y no binarias.

El Impacto en la Sociedad Actual

La convergencia entre el feminismo y el movimiento woke ha tenido un impacto significativo en las políticas públicas y los debates sociales. Gracias a la concientización promovida por estos movimientos, temas como el acoso sexual, la brecha salarial de género y los derechos reproductivos han ganado una mayor visibilidad. Las campañas como #MeToo son un ejemplo claro de cómo ambos movimientos pueden unirse para abordar problemas sistémicos de opresión.

El feminismo y el movimiento woke también han impulsado una reflexión crítica sobre las normas tradicionales de género y han abogado por la inclusión de todas las identidades de género en los espacios feministas. Este proceso de deconstrucción ha sido valioso para avanzar en la comprensión de las diferentes formas en que las mujeres, y otras personas marginadas, experimentan la discriminación.

El movimiento woke y el feminismo tienen mucho en común en cuanto a sus objetivos de equidad y justicia social, especialmente en su enfoque interseccional para abordar las diferentes formas de opresión. Aunque existen tensiones, en particular en torno a temas de género y sexualidad, ambos movimientos continúan influyendo poderosamente en la sociedad actual. En última instancia, su conexión radica en el compromiso compartido de desafiar las estructuras opresivas y crear un mundo más inclusivo y equitativo para todos.

2. El Movimiento #MeToo: Fundamentos y Trascendencia Social

El movimiento #MeToo ha sido uno de los fenómenos más importantes de la última década en la lucha contra el acoso sexual y la violencia de género. Surgido como un llamado colectivo para que las víctimas compartan sus experiencias de abuso, este hashtag ha transformado la forma en que la sociedad, los medios y las instituciones abordan las denuncias de violencia sexual. Desde su viralización en 2017, #MeToo ha impactado profundamente en la cultura global, generando un cambio significativo en las conversaciones sobre el poder, el consentimiento y la justicia.

Origen del Movimiento #MeToo

El origen del término "Me Too" se remonta a 2006, cuando la activista estadounidense Tarana Burke lo utilizó por primera vez para crear un espacio de solidaridad y apoyo a las mujeres, particularmente a aquellas de comunidades marginalizadas, que habían sufrido acoso o abuso sexual. La frase fue concebida como una forma sencilla y poderosa de que las víctimas pudieran compartir sus historias sin necesidad de profundizar en los detalles traumáticos, creando una red de empatía y comprensión.

Sin embargo, el movimiento adquirió relevancia internacional en octubre de 2017, cuando la actriz Alyssa Milano utilizó el hashtag #MeToo en Twitter para invitar a las mujeres a compartir sus experiencias de acoso sexual, tras las acusaciones públicas contra el productor de cine Harvey Weinstein. En cuestión de días, el hashtag se volvió viral y millones de personas, mujeres y hombres, comenzaron a compartir sus testimonios de abuso, exponiendo el alcance y la gravedad del problema.

Fundamentos del Movimiento #MeToo

<u>Visibilización del acoso sexual:</u> Uno de los principales objetivos de #MeToo es dar visibilidad al acoso y abuso sexual, que durante mucho tiempo ha sido un tema tabú y muchas veces silenciado por las propias víctimas. Al compartir sus experiencias, las personas han revelado la omnipresencia del acoso en diversos ámbitos de la vida, desde el lugar de trabajo hasta las relaciones personales.

<u>Rompimiento del silencio:</u> La fuerza de #MeToo reside en la capacidad de romper el silencio que rodea la violencia sexual. El movimiento ha proporcionado una plataforma para que las víctimas se sientan validadas y apoyadas al compartir sus historias, creando un entorno donde la sociedad está obligada a escuchar y confrontar la realidad del abuso.

<u>Denuncia del abuso de poder:</u> #MeToo no solo trata del acoso en sí mismo, sino del abuso de poder que lo posibilita. Muchas de las denuncias iniciales involucraban a hombres en posiciones de autoridad —

desde ejecutivos y políticos hasta figuras del entretenimiento— que usaban su poder para explotar a personas vulnerables. El movimiento expone cómo la dinámica de poder facilita el abuso y cómo estas estructuras han protegido a los perpetradores durante años.

<u>Empoderamiento de las víctimas:</u> Uno de los pilares fundamentales de #MeToo es empoderar a las víctimas para que rompan el ciclo de silencio y vergüenza que muchas veces las rodea. El hashtag ha permitido que muchas personas encuentren la valentía para hablar sobre sus experiencias, sabiendo que no están solas. La sensación de solidaridad y apoyo colectivo ha sido clave para que tantas voces se alcen.

<u>Cambio cultural y legal:</u> Si bien el cambio cultural es un objetivo central de #MeToo, también se busca la reforma legal y la rendición de cuentas. Las denuncias públicas han impulsado investigaciones judiciales contra los acusados de abuso, lo que ha resultado en condenas y despidos, y ha hecho que instituciones y empresas revisen sus políticas para prevenir el acoso.

Impacto Global y Cultural del Movimiento #MeToo

Desde su viralización, #MeToo ha tenido un impacto global, trascendiendo fronteras geográficas, culturales y sociales. Ha cambiado la manera en que la sociedad percibe el acoso sexual y ha hecho que muchas personas reconsideren las dinámicas de poder en el lugar de trabajo, la política, el entretenimiento y otros sectores.

Visibilización de la violencia de género: #MeToo ha revelado la magnitud de la violencia de género y la ha colocado en el centro de las conversaciones públicas. El hecho de que tantas personas de todo el mundo compartieran sus historias hizo que la sociedad no pudiera ignorar la frecuencia y gravedad del problema.

Revisión de las dinámicas laborales: En muchas industrias, especialmente en el entretenimiento, la política y los medios de comunicación, el movimiento ha forzado una revisión de las estructuras de poder. El acoso sexual, que a menudo se normalizaba o se encubría, ahora está siendo tratado con mayor seriedad, lo que ha llevado a despidos, investigaciones y cambios en las políticas internas de numerosas empresas e instituciones.

Reforma legal: En varios países, #MeToo ha impulsado reformas legislativas destinadas a mejorar la protección contra el acoso sexual. En Estados Unidos, por ejemplo, ha habido esfuerzos para eliminar las cláusulas de confidencialidad en los acuerdos laborales que permitían encubrir casos de acoso. También se han fortalecido las leyes contra la violencia sexual y se ha promovido la creación de espacios más seguros para las víctimas.

Conciencia sobre el consentimiento: Uno de los efectos más profundos del movimiento ha sido el replanteamiento del concepto de consentimiento. En muchas culturas, las expectativas sobre las relaciones entre hombres y mujeres eran ambiguas, lo que permitía que el acoso o la coerción pasaran desapercibidos. #MeToo ha puesto sobre la mesa la necesidad de un consentimiento claro y mutuo en todas las interacciones.

<u>Aceleración de otros movimientos sociales:</u> El éxito de #MeToo ha inspirado otros movimientos relacionados con la justicia social y la equidad. Ha dado lugar a otros hashtags y campañas centradas en la igualdad de género, los derechos de las mujeres y la justicia para comunidades marginadas, como #TimesUp y #NiUnaMenos.

Críticas y Desafíos

A pesar de su impacto positivo, #MeToo también ha enfrentado críticas y desafíos. Algunas personas argumentan que el movimiento puede llevar a acusaciones falsas o a juicios sin un debido proceso. Los críticos sostienen que las denuncias públicas, especialmente en las redes sociales, pueden llevar a la "cancelación" de personas antes de que se demuestre su culpabilidad. Sin embargo, los defensores de #MeToo responden que las falsas acusaciones son mínimas en comparación con el número de casos de acoso real que finalmente han salido a la luz.

Otro desafío ha sido el enfoque mayoritariamente centrado en mujeres blancas y de clase media, lo que ha llevado a críticas de que el movimiento no refleja adecuadamente las experiencias de mujeres de color o de comunidades menos privilegiadas. No obstante, #MeToo sigue siendo una herramienta poderosa para amplificar las voces de las personas oprimidas.

Así mismo, la clara línea que divide el acercamiento masculino con intenciones románticas, con el acoso sexual, se encuentra poco claro, haciendo que las nuevas generaciones de hombres se vean retraídos a la hora de la conquista por temor a que se confundan sus intenciones y sean denunciados. Un claro ejemplo de ello es la desaparición del "piropo o halago callejero".

Podemos decir que el movimiento #MeToo ha tenido un profundo impacto en la sociedad al visibilizar y cuestionar las dinámicas de poder que permiten la perpetuación del acoso y abuso sexual. Al crear un espacio de apoyo y solidaridad, ha permitido que las víctimas hablen sobre sus experiencias sin el estigma que anteriormente las silenciaba. Aunque enfrenta críticas y desafíos, #MeToo sigue siendo un motor de cambio cultural y legal, impulsando conversaciones sobre el consentimiento, el poder y la justicia, y transformando el panorama global en cuanto a la violencia de género.

3.   #YoTeCreoHermana: Significado   y Trascendencia Social

El hashtag #YoTeCreoHermana ha surgido como un poderoso símbolo de apoyo y sororidad en el contexto de la lucha contra la violencia de género y el abuso sexual. Esta frase encapsula un gesto de credibilidad y respaldo hacia las mujeres que denuncian situaciones de abuso, acoso o violación, y refleja una transformación en la manera en que la sociedad está comenzando a tratar estos temas.

Más allá de ser una simple consigna, #YoTeCreoHermana se ha convertido en un movimiento social que tiene profundas implicaciones en las relaciones de poder, la justicia y el tratamiento de las víctimas de violencia de género.

Origen y Contexto del Hashtag

#YoTeCreoHermana encuentra su origen en el marco de movimientos feministas que, en las últimas décadas, han luchado contra la impunidad y el silencio en torno a la violencia sexual. Inspirado en movimientos internacionales como #MeToo en los Estados Unidos, este hashtag es una respuesta a la desconfianza social y legal que, históricamente, se ha proyectado sobre las mujeres que denuncian violencia.

Durante mucho tiempo, las víctimas de abuso sexual han sido tratadas con escepticismo, enfrentándose a interrogatorios sobre su conducta, vestimenta o historial, lo que se conoce como victimización secundaria. Este tipo de cuestionamientos no solo refuerzan estigmas, sino que también disuaden a muchas mujeres de hablar sobre sus experiencias. El surgimiento de #YoTeCreoHermana es un acto de resistencia ante este escepticismo, ofreciendo un espacio de validación y empatía.

El Significado de #YoTeCreoHermana

El hashtag tiene un significado profundo en varios niveles:

<u>Creer a las víctimas:</u> El corazón del movimiento está en la creencia incondicional en las palabras de las mujeres que denuncian acoso o abuso sexual. En un mundo donde las víctimas suelen ser desacreditadas o puestas en duda, #YoTeCreoHermana rechaza esa cultura de la sospecha y brinda a las mujeres el beneficio de la duda, rompiendo el ciclo de silencio.

<u>Sororidad:</u> La palabra "hermana" en el hashtag refuerza la idea de sororidad, una solidaridad entre mujeres que trasciende las fronteras de raza, clase, nacionalidad o religión. Este apoyo mutuo es vital para contrarrestar las estructuras de poder que perpetúan la violencia de género. #YoTeCreoHermana no solo refleja empatía, sino también un llamado a la acción colectiva para enfrentar las injusticias.

<u>Denuncia social:</u> Más allá de la validación personal, el hashtag actúa como una forma de denuncia pública contra una sociedad que muchas veces trivializa o minimiza las experiencias de las mujeres. Es un grito colectivo que exige que los testimonios de las víctimas sean escuchados, atendidos y, sobre todo, creídos.

La Trascendencia Social de #YoTeCreoHermana

<u>Transformación cultural:</u> El uso masivo de #YoTeCreoHermana ha generado una mayor conciencia sobre la gravedad de la violencia sexual y de género. Ha permitido que muchas historias que antes se mantenían en silencio salgan a la luz, y ha cambiado la conversación social al respecto. Los medios de comunicación y las redes sociales se han convertido en espacios donde las mujeres pueden

compartir sus experiencias sin temor a ser desestimadas.

<u>Impacto en el sistema judicial:</u> La movilización en torno a este hashtag también ha puesto de relieve las deficiencias del sistema judicial al tratar casos de violencia de género. En muchos países, las denuncias de abuso sexual suelen ser desestimadas o tratadas con indiferencia, y el proceso legal para las víctimas es lento y traumático. La presión social ejercida por movimientos como #YoTeCreoHermana ha impulsado reformas legislativas y ha aumentado la demanda de un enfoque más sensible y justo en los casos de violencia contra las mujeres.

<u>Empoderamiento de las mujeres:</u> Este hashtag ha jugado un papel crucial en el empoderamiento de las mujeres. Al saber que no están solas, muchas mujeres han encontrado la valentía para hablar sobre sus experiencias de abuso o acoso, sintiendo que sus voces serán escuchadas y validadas. En este sentido, #YoTeCreoHermana ha permitido que muchas víctimas transformen su dolor en una herramienta de cambio.

<u>Cambio en la percepción pública:</u> Antes del surgimiento de movimientos como #YoTeCreoHermana, existía una tendencia a culpar a las víctimas o a minimizar las acusaciones de abuso. El uso masivo del hashtag ha provocado un cambio en la percepción pública, donde ahora existe una mayor disposición a escuchar y apoyar a las víctimas, en lugar de dudar o despreciarlas. Esto ha sido un paso importante hacia la construcción de una cultura que

condena el abuso y reconoce la importancia de creer en las víctimas desde el inicio.

<u>Generación de redes de apoyo:</u> En las redes sociales, el hashtag #YoTeCreoHermana ha permitido que se formen comunidades de apoyo donde las mujeres pueden compartir sus historias sin miedo a ser juzgadas. Estas redes no solo ofrecen solidaridad emocional, sino que también brindan información útil sobre recursos legales, psicológicos y de protección, creando un espacio seguro para las sobrevivientes.

Críticas y Desafíos

A pesar de sus logros, el movimiento #YoTeCreoHermana no ha estado exento de críticas. Algunas personas argumentan que creer ciegamente en todas las denuncias podría llevar a acusaciones falsas o a la falta de un proceso justo para los acusados. Sin embargo, los defensores del hashtag sostienen que, aunque los casos de falsas acusaciones existen, son una minoría en comparación con el número de víctimas que no son creídas o apoyadas. Para ellos, el enfoque debe estar en corregir la desconfianza histórica hacia las víctimas.

#YoTeCreoHermana es más que un simple hashtag; es una herramienta de transformación social que ha permitido visibilizar la violencia de género y crear una red de apoyo y solidaridad entre mujeres. Su impacto ha resonado tanto en la cultura como en los sistemas legales, cambiando la forma en que la sociedad percibe y responde a las denuncias de abuso. En última instancia, #YoTeCreoHermana representa una nueva forma de entender la justicia, una que se basa en la empatía, el apoyo y la validación de las voces históricamente silenciadas.

4. Fundamentos y Características del Movimiento MGTOW (Men Going Their Own Way)

El movimiento MGTOW (Men Going Their Own Way, que se traduce como "Hombres que siguen su propio camino") es un fenómeno socio-cultural que ha ganado visibilidad en los últimos años, especialmente en comunidades en línea. A menudo descrito como una filosofía de vida, MGTOW se centra en que los hombres opten por desvincularse de las expectativas y roles tradicionales que la sociedad impone sobre ellos, especialmente en relación con las mujeres y las relaciones sentimentales.

Orígenes del Movimiento MGTOW

El movimiento MGTOW surgió a principios de los años 2000 como una respuesta a lo que algunos hombres perciben como una dinámica de género injusta, donde las leyes y normas sociales favorecen a las mujeres en detrimento de los hombres. Si bien sus raíces están vinculadas con otros movimientos de derechos masculinos, MGTOW se distingue por una postura más radical que va más allá de la lucha por la equidad en el ámbito legal o social. En lugar de buscar cambios en las leyes o en la estructura de la sociedad, muchos miembros de MGTOW optan por retirarse de las interacciones convencionales con las mujeres y de las relaciones heteronormativas.

Fundamentos del Movimiento MGTOW

Una de las bases ideológicas del movimiento MGTOW es su oposición a lo que consideran un feminismo radical que, según ellos, ha alterado el equilibrio de poder entre hombres y mujeres. Argumentan que las leyes y normas culturales han favorecido desproporcionadamente a las mujeres en áreas como el matrimonio, el divorcio, la custodia de los hijos y las acusaciones de abuso, dejando a los hombres en desventaja.

Una de las características más destacadas de MGTOW es la negativa a participar en relaciones románticas o matrimoniales. Creen que tales relaciones son inherentemente desiguales y que los hombres asumen más riesgos y responsabilidades sin recibir beneficios proporcionales. El concepto de "desprendimiento" de las mujeres se interpreta como una forma de evitar lo que ellos perciben como explotación emocional, económica o legal.

A su vez, el movimiento MGTOW se centra en la independencia del hombre, promoviendo la idea de que los hombres deben buscar su propio camino, sin las influencias o presiones de la sociedad que les dicten cómo vivir su vida. Esto incluye evitar compromisos emocionales o financieros que, desde su perspectiva, puedan poner en riesgo su bienestar personal.

A pesar de su crítica a las relaciones interpersonales convencionales, MGTOW también enfatiza la importancia de la auto-mejora y el desarrollo personal. Muchos miembros del movimiento abogan por que los hombres inviertan en sí mismos a nivel físico, emocional y financiero, priorizando sus propios intereses y metas sobre las demandas sociales.

Características Principales del Movimiento MGTOW

<u>Grados de compromiso:</u> MGTOW no es un grupo monolítico, sino que presenta diferentes niveles de participación. En el primer nivel, algunos hombres simplemente evitan el matrimonio, pero aún pueden mantener relaciones románticas ocasionales. En niveles más avanzados, algunos hombres rechazan por completo cualquier forma de relación con mujeres, optando por una vida de total independencia emocional y social de ellas.

<u>Crítica a las normas tradicionales de género:</u> Los seguidores de MGTOW argumentan que las normas sociales contemporáneas aún exigen que los hombres sigan desempeñando roles de proveedores y protectores en las relaciones, lo que consideran injusto. Ven estos roles tradicionales como un obstáculo para su propia libertad y desarrollo personal.

<u>Comunidades en línea:</u> El movimiento MGTOW ha encontrado su principal base de apoyo en comunidades en línea, donde los hombres comparten sus experiencias, consejos y filosofías de vida. Estos

espacios virtuales actúan como foros donde se refuerzan las ideas del movimiento y se fomentan debates sobre la dinámica de género, las relaciones y la sociedad.

<u>Rechazo a las expectativas sociales:</u> Uno de los pilares de MGTOW es el rechazo a las expectativas sociales y culturales que colocan a los hombres bajo presión para casarse, formar una familia y asumir roles tradicionales. MGTOW ve estas expectativas como una trampa que compromete la libertad individual del hombre y lo coloca en situaciones desventajosas en términos de relaciones y leyes.

Críticas al Movimiento MGTOW

El movimiento MGTOW ha sido objeto de críticas desde diferentes sectores de la sociedad. Muchos críticos señalan que el movimiento refuerza actitudes misóginas y promueve una visión negativa y distorsionada de las mujeres y las relaciones interpersonales. Además, algunos expertos argumentan que MGTOW no es una solución constructiva a los problemas que algunos hombres enfrentan, ya que, en lugar de promover el diálogo y el entendimiento mutuo, fomenta la retirada y el aislamiento.

El feminismo, por ejemplo, ha sido un blanco frecuente de las críticas de MGTOW, pero los defensores del feminismo argumentan que este tipo de movimientos masculinos radicales perpetúan la división de género en lugar de buscar soluciones cooperativas para la equidad.

No obstante, el movimiento MGTOW representa una respuesta a las tensiones percibidas en las relaciones de género en la sociedad contemporánea. Si bien algunos ven su filosofía como una forma legítima de autoconservación y empoderamiento masculino, otros lo critican por ser una visión pesimista y divisiva que refuerza actitudes de desconfianza y rechazo hacia las mujeres. En cualquier caso, MGTOW continúa siendo un fenómeno relevante dentro de las conversaciones sobre las relaciones de género y la dinámica social, y su impacto en la cultura contemporánea sigue siendo un tema de debate.

Capítulo 10
Hacia un Entendimiento Mutuo

El feminismo y las esposas tradicionales han tenido sus diferencias, pero también comparten objetivos comunes, como el bienestar de las mujeres y la estabilidad de las familias. Llegando al final de este libro, buscaremos identificar estos puntos en común y explorar formas de promover el entendimiento mutuo, reconociendo y respetando la diversidad de experiencias y elecciones de vida de las mujeres.

Reconocimiento de la Diversidad de Experiencias

El primer paso hacia el entendimiento mutuo es reconocer y valorar la diversidad de experiencias y elecciones de vida de las mujeres.

Evolución del Feminismo: Desde sus inicios, el feminismo ha evolucionado para incluir una variedad de perspectivas y experiencias. Las olas más recientes del feminismo han enfatizado la interseccionalidad y la inclusión.

Voces Tradicionales: Las esposas tradicionales, por su parte, han comenzado a compartir sus historias y experiencias, subrayando la importancia de sus elecciones de vida. Este reconocimiento de la diversidad es esencial para un diálogo constructivo.

Puntos en Común

A pesar de las diferencias, existen numerosos puntos en común entre el feminismo y las esposas tradicionales.

Valorización del Trabajo Doméstico: Aunque el feminismo ha promovido la participación en la fuerza laboral, también ha reconocido la importancia del trabajo doméstico y la crianza de los hijos. Ambos grupos pueden unirse para luchar por el reconocimiento y la valorización de estas tareas.

Autonomía y Elección: Tanto las feministas como las esposas tradicionales valoran la autonomía y la capacidad de elección. La clave es reconocer que la autonomía puede manifestarse de diferentes maneras, ya sea en el hogar o en la carrera profesional.

Diálogo y Educación

El diálogo abierto y la educación son cruciales para superar las barreras y fomentar el entendimiento mutuo.

Espacios de Diálogo: Crear espacios donde feministas y esposas tradicionales puedan compartir sus experiencias y perspectivas es esencial. Estos diálogos pueden ayudar a derribar estereotipos y fomentar el respeto mutuo.

Programas Educativos: Desarrollar programas educativos que incluyan una variedad de perspectivas sobre el rol de la mujer puede ayudar a crear una sociedad más inclusiva. Estos programas pueden enseñar a valorar todas las formas de contribución femenina, tanto en el hogar como en el ámbito laboral.

Políticas Inclusivas

Las políticas públicas pueden desempeñar un papel crucial en la promoción del entendimiento y la inclusión.

<u>Apoyo a la Familia:</u> Políticas que apoyen a las familias, como el acceso a servicios de cuidado infantil, permisos parentales y apoyo financiero para las amas de casa, pueden beneficiar tanto a las feministas como a las esposas tradicionales.

<u>Igualdad de Oportunidades:</u> Asegurar que todas las mujeres tengan igualdad de oportunidades para elegir su propio camino, ya sea en el hogar o en la fuerza laboral, es un objetivo compartido que puede unir a ambos grupos.

Modelos de Colaboración

Existen modelos de colaboración que han demostrado ser efectivos en la promoción del entendimiento y la cooperación.

<u>Organizaciones Comunitarias:</u> Algunas organizaciones comunitarias han logrado reunir a mujeres de diferentes perspectivas para trabajar en proyectos

comunes, como el apoyo a la maternidad y la defensa de los derechos de las mujeres.

<u>Movimientos Globales:</u> Movimientos globales como HeForShe han promovido la inclusión y la cooperación entre géneros, ofreciendo un modelo de cómo feministas y esposas tradicionales pueden trabajar juntas hacia objetivos comunes.

<u>Iniciativas Locales:</u> En algunas comunidades, iniciativas locales han logrado unir a mujeres de diferentes trasfondos para trabajar en proyectos de interés común, como la mejora de los servicios de salud materna y la creación de redes de apoyo para madres.

El camino hacia un entendimiento mutuo entre feministas y esposas tradicionales no está exento de desafíos, pero es posible. Al reconocer y respetar la diversidad de experiencias y elecciones de vida, fomentar el diálogo y la educación, y promover políticas inclusivas, se puede construir una sociedad más justa y respetuosa para todas las mujeres. Este capítulo ha explorado las vías hacia este objetivo, destacando la importancia del respeto mutuo y la cooperación en la lucha por la igualdad y el bienestar de todas las mujeres.

_____0_____